ASSIETTES VEGAN

Frances Boswell

Photographies de Beatriz da Costa

MARABOUT

LES USTENSILES UTILISÉS DANS CE LIVRE

SOMMAIRE

LÉGUMINEUSES

CÉRÉALES

OSEZ LE VEGAN !

À tous ceux qui pensent que le véganisme est une vie de privation : voici *Assiettes Vegan*. L'assiette vegan combine de délicieux légumes frais, des légumineuses riches en protéines et des céréales rassasiantes. Au fil des pages, découvrez des plats aux parfums et textures surprenantes, aidant à faire baisser le taux de diabète, d'obésité, de maladies cardiovasculaires et de cancer.

Avec l'assiette vegan, pas de frontières ou d'ennui culinaire. La seule limite est la taille de votre assiette : choisissez-en une belle en céramique, profonde et pratique, parfaite pour y nicher les légumes et laisser respirer chaque ingrédient tout en les mettant en valeur. Imaginez un tableau tout en superpositions de saveurs !

Les règles et principes du véganisme permettent de débrider la créativité du cuisinier. Quelle meilleure excuse pour explorer l'univers des condiments, qui vont des pickles maison, aux chutneys en passant par les confits ? D'une seule cuillerée, transformez un légume rôti en une symphonie d'épices !

L'éventail des légumineuses et des céréales, avec leur goût et leur texture uniques, offre une belle composition de saison. N'oubliez pas les noix et les graines : profitez du début et de la fin de la vie de la plante, de la germination à la floraison, en une seule bouchée. Ces assiettes vegan sont faciles, uniques et tout simplement irrésistibles !

L'ASSIETTE VEGAN : MODE D'EMPLOI

Suivez nos conseils pour réaliser une assiette vegan à la fois complète, délicieuse et saine.

1.

CHOISIR LA BASE
Choisissez le riz, les céréales complètes, les légumineuses, ou tout cela à la fois, qui serviront de base à votre assiette vegan. Prêtez attention à la bonne cuisson de ces ingrédients, gage de complexité tant au niveau du goût que de la texture.

2.

PRÉPARER LA BASE
Prévoyez assez de temps pour laisser tremper les légumineuses qui en auront besoin. En effet, la plupart d'entre elles doivent tremper toute la nuit dans un grand volume d'eau. Sinon, optez pour leur version en conserve.

3.

CHOISIR ET PRÉPARER LES LÉGUMES
Préparez vos légumes avec soin. Utilisez des produits frais et biologiques si possible. Faites rôtir, sauter ou cuire à la vapeur les légumes. Assaisonnez-les avec précision car ce sont eux qui tiennent la vedette de vos assiettes. Chaque légume doit être délicieux seul.

4.

AJOUTER DES NOIX ET DES GRAINES
Les noix et les graines sont vos alliés santé dans les assiettes vegan car elles apportent protéines et graisses indispensables. Choisissez-les non salées, avant de les faire griller et de les assaisonner selon les indications.
Les noix et les graines égayeront vos assiettes en leur donnant du croustillant : ne lésinez pas sur la quantité !

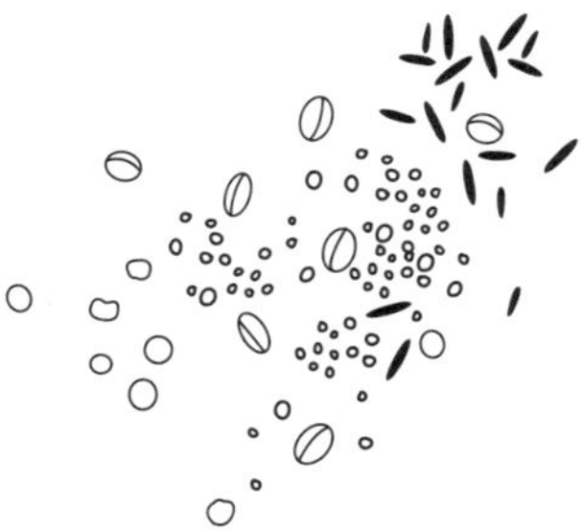

5.

CHOISIR UNE SAUCE OU UNE VINAIGRETTE

Celles-ci peuvent être préparées à l'avance, et certaines sont même encore meilleures après quelques jours au frais, lorsque leurs saveurs ont eu le temps de s'épanouir. Considérez-les comme une partie intégrante de vos assiettes. Elles leur donnent du goût, de la texture et des arômes.

6.

ASSEMBLER JUSTE AVANT DE SERVIR

Bien que la plupart des ingrédients puissent être préparés à l'avance, l'assiette doit être assemblée juste avant de la servir. Rectifiez si besoin l'assaisonnement et vérifiez que chaque ingrédient est prêt. Le dernier filet d'huile d'olive et le dernier tour de moulin à poivre sont la cerise sur le gâteau.

7.

GARDER LA PRÉSENTATION EN TÊTE

Ces assiettes doivent nourrir le corps, mais aussi l'esprit. Une assiette vegan doit être appétissante et aussi belle qu'un bijou : sublimez la recette en ajoutant de la couleur et du mystère…

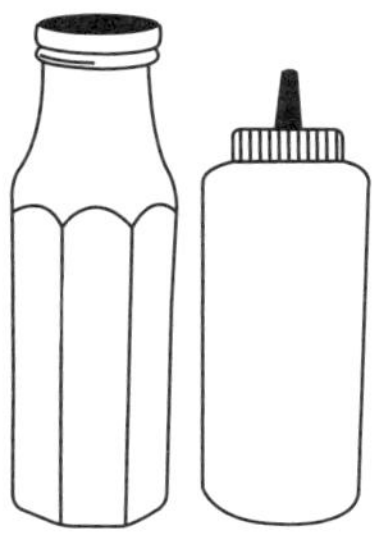

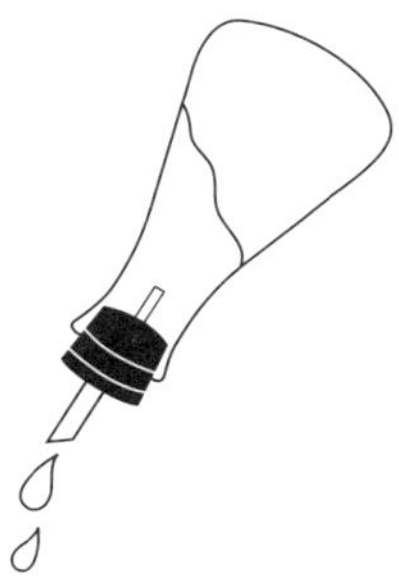

FAIRE GERMER LES GRAINES

Les céréales, les légumineuses et les graines peuvent germer en quelques jours à peine. La germination augmente leur teneur en vitamines et minéraux et les rend ainsi très nutritives. Le plus souvent, les graines germées sont consommées crues, mais vous pouvez les faire cuire pour un repas moelleux, doux et digeste. Les graines germées purifient le corps par leur action détox ! Il existe des bocaux germoirs, mais des bocaux traditionnels peuvent suffir.

TREMPAGE

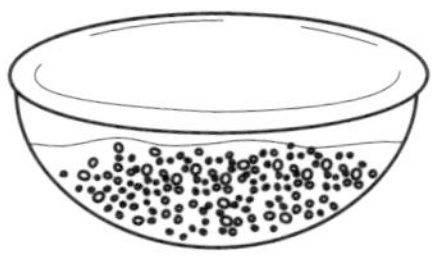

Faites tremper 200 g de céréales, légumineuses ou graines complètes dans 500 ml d'eau pendant 12 heures à une température ambiante fraîche.

ÉGOUTTAGE ET RINÇAGE

Égouttez et rincez les céréales, légumineuses ou graines complètes avant de les transférer dans un grand bocal. Recouvrez de quelques feuilles de mousseline que vous maintiendrez avec des élastiques.

REPOS

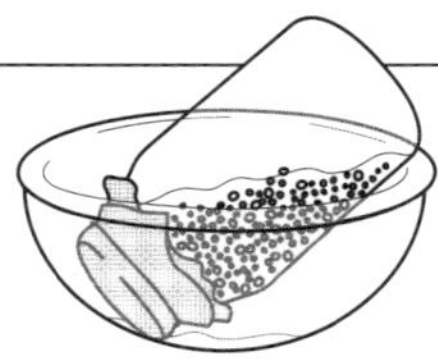

Basculez le bocal dans un saladier pour que son contenu s'égoutte bien. Laissez reposer à l'abri de la lumière directe du soleil.

RINÇAGE

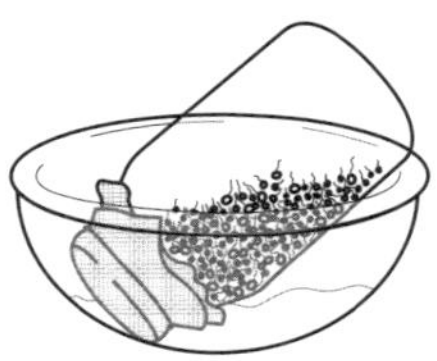

Rincez toutes les 12 heures et replacez dans le saladier comme à l'étape précédente. Les graines sont prêtes lorsque le germe est au moins aussi long que la céréale, légumineuse ou graine. Comptez entre 1 et 3 jours selon le type de graines et la chaleur.

RÉFRIGÉRATION

Une fois les graines germées, placez-les au réfrigérateur. Conservez quelques jours.

LA CUISSON DES CÉRÉALES ET LÉGUMINEUSES

Pour faire tremper et cuire des céréales et légumineuses dans les règles de l'art et réussir votre riz à coup sûr, suivez nos conseils ci-dessous !

CUISSON DU RIZ

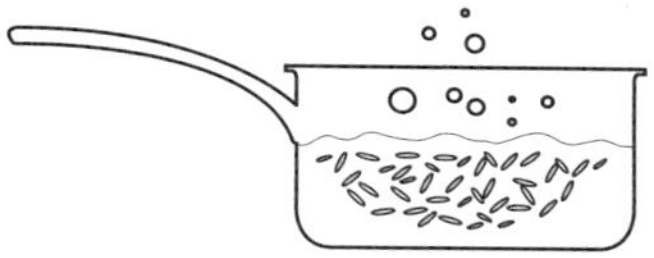

Rincez soigneusement le riz et faites-le cuire dans de l'eau légèrement salée jusqu'à ce qu'il soit tendre. Un cuiseur à riz peut vous aider à obtenir le riz parfait !

CUISSON DES CÉRÉALES

Pour les céréales, privilégiez les céréales complètes de qualité. Certaines, comme l'orge, sont meilleures encore après une légère torréfaction qui sublime leur saveur de noix sucrée. Faites cuire les céréales dans une casserole d'eau légèrement salée jusqu'à ce qu'elles soient tendres. Égouttez et servez.

TREMPAGE ET CUISSON DES LÉGUMINEUSES

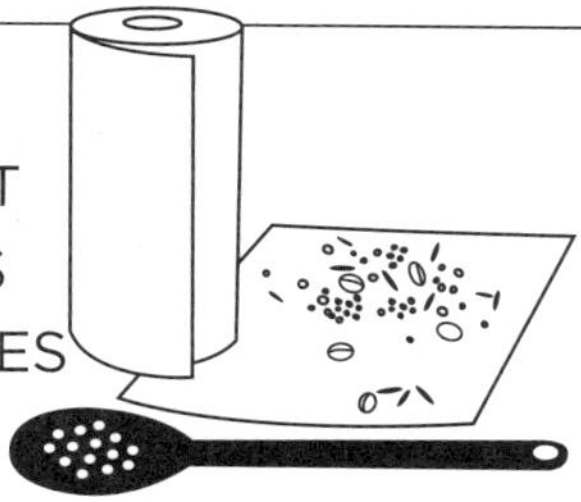

Rincez les fèves et triez-les pour éliminer les éventuels résidus. Laissez tremper 8 heures ou toute la nuit. Égouttez, rincez et faites cuire dans un grand volume d'eau non salée, jusqu'à ce qu'elles soient tendres. Si vous utilisez des haricots secs, faites bouillir 10 minutes pour supprimer les toxines, avant de cuire à feu doux jusqu'à ce qu'ils soient tendres. Salez en fin de cuisson et égouttez avant de servir.

MATÉRIEL UTILE

CUISEUR À RIZ

PANIER VAPEUR

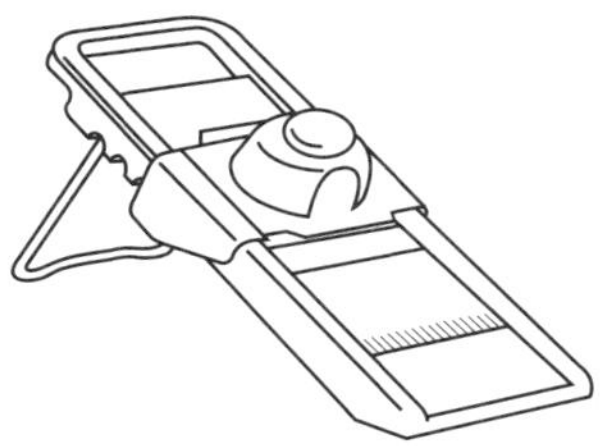

MANDOLINE

ROBOT

LES INDISPENSABLES DU PLACARD

Un placard bien garni est le meilleur ami du cuisinier vegan, car les condiments transforment légumineuses et céréales ordinaires en repas d'une incroyable complexité !

POIS CHICHES FRITS
KIMCHI
OU CHOUCROUTE
VÉGÉTALIENNE
LACTO-FERMENTÉE
CHIPOTLE MARINÉS
(ADOBO)
MÉLASSE DE GRENADE
SAUCE SATAY
CHIPS DE BANANE
GALETTES
DE RIZ SOUFFLÉ
PAPADUMS

CRÈME FRAÎCHE VÉGÉTALE

pour 450 ml

350 g de tofu soyeux ferme
2 cuillerées à soupe d'huile d'olive
3 cuillerées à soupe de jus de citron frais
1 pincée de fleur de sel

recette

Mixez tous les ingrédients dans un robot jusqu'à obtenir une consistance lisse et crémeuse. Se conserve dans un bocal au réfrigérateur.

FROMAGE VÉGÉTAL DE NOIX DE CAJOU

pour 300 g

300 g de noix de cajou crues, laissées à tremper 2 à 6 heures dans 750 ml d'eau
2 cuillerées à café d'acidophilus en poudre
1 cuillerée à café de sel de mer

recette

Égouttez et rincez les noix de cajou. Mixez au robot avec le sel, l'acidophilus et 250 ml d'eau jusqu'à obtenir un résultat lisse. Salez. Transvasez dans une passoire tapissée de mousseline et laissez égoutter. Réfrigérez 24 heures avant de servir. Se conserve 2 à 3 semaines.

CHIPS DE CHOU KALE

pour 100 g

1 grande botte de chou kale équeutée
2 cuillerées à soupe d'huile d'olive
1 grande pincée de sel de mer

recette

Préchauffez votre four à 140 °C. Arrosez le chou kale d'huile d'olive et salez. Disposez en une seule couche sur une lèchefrite et faites cuire 20 minutes, jusqu'à ce que les feuilles soient croustillantes. Retournez-les à mi-cuisson. Laissez refroidir. Se conserve 3 à 4 jours dans un récipient hermétique.

SAUCE ROMESCO

pour 500 ml

200 g d'amandes émondées et grillées
12 poivrons piquillos rôtis et égouttés
5 gousses d'ail grossièrement hachées
80 ml de vinaigre de vin rouge de qualité
250 ml d'huile d'olive
2 cuillerées à café de sel de mer
2 cuillerées à café de paprika fumé doux
½ cuillerée à café de paprika fort

recette

Mixez tous les ingrédients dans un robot pour obtenir une pâte lisse et liquide. Rectifiez l'assaisonnement avec du sel, du paprika et du vinaigre. Se conserve 10 jours au réfrigérateur.

SAUCES & AUTRES CONDIMENTS

Apprenez à réaliser onze préparations toutes simples, que vous pourrez marier selon votre goût. Arrosez n'importe quelle assiette d'une cuillerée de sauce, ou mélangez-en deux ou trois selon vos envies !

PESTO AUX HERBES

Préparation : 8 minutes

pour 230 ml

1 gousse d'ail hachée
80 g d'herbes mélangées comme du basilic, de la coriandre, de la menthe et du cerfeuil
80 g de pignons grillés
160 ml d'huile d'olive

recette

Mixez finement tous les ingrédients dans un robot. Assaisonnez et transvasez dans un bocal. Se conserve 5 jours au réfrigérateur.

CHUTNEY DE COCO

Préparation : 8 minutes
Cuisson : 5 minutes

pour 250 ml

1 gousse d'ail
1 piment thaï épépiné et grossièrement haché
2,5 cm de gingembre pelé et râpé
120 ml d'huile d'olive ou d'avocat
1 cuillerée à café de sirop d'agave
le jus et le zeste râpé de 1 citron vert
50 g de feuilles de coriandre
50 g de noix de coco râpée

recette

Mixez finement tous les ingrédients dans un robot. Transvasez dans un bocal. Se conserve 5 jours au réfrigérateur.

HARICOTS BLANCS MARINÉS

Préparation : 5 minutes + Cuisson : 35 minutes + Marinade : 1 à 3 heures

pour 700 ml

500 g de haricots blancs (par exemple des cannellini) cuits et rincés
60 ml d'huile d'olive
1 cuillerée à soupe de vinaigre de cidre, de xérès ou de champagne
le jus de 1 citron
1 branche de thym
sel

recette

Placez les haricots dans un saladier de taille moyenne et ajoutez le vinaigre, le jus de citron et l'huile d'olive. Salez. Ajoutez le thym et laissez mariner 1 à 3 heures au réfrigérateur. Se conserve 4 jours au réfrigérateur. Servez à température ambiante.

TEMPEH MARINÉ

Préparation : 10 minutes + Réfrigération : 1 heure
Cuisson : 40 minutes

pour 300 g

250 g de tempeh nature
1 cuillerée à soupe de moutarde de Dijon
1 cuillerée à soupe de tamari
1 cuillerée à soupe de vinaigre de cidre
80 ml de cidre
2 cuillerées à soupe d'huile d'olive

recette

Coupez le tempeh en 16 carrés ou triangles de taille égale. Placez-les dans un plat à rôtir. Fouettez le cidre, la moutarde, le tamari, l'huile d'olive et le vinaigre. Nappez les morceaux de tempeh de ce mélange et réfrigérez 1 heure. Préchauffez votre four à 180 °C et faites cuire 40 minutes environ. Se conserve 4 jours au réfrigérateur.

ALGUES AU SÉSAME ET TAMARI

Préparation : 5 minutes
Cuisson : 30 minutes
Trempage : 15 minutes

pour 680 g

60 g d'algues hijiki ou arame séchées
2 petites carottes coupées en fine julienne
1 petit oignon finement émincé
60 ml de mirin
2 cuillerées à soupe de tamari
1 cuillerée à soupe d'huile de sésame
30 g de graines de sésame grillées
1 pincée de sel de mer

recette

Dans 750 ml d'eau, faites tremper les algues jusqu'à ce qu'elles soient tendres. Égouttez. Dans une poêle, faites chauffer l'huile de sésame à feu moyen. Ajoutez l'oignon, puis faites dorer. Ajoutez les carottes et une pincée de sel de mer et laissez revenir quelques minutes. Ajoutez les algues, 60 ml d'eau, le mirin et le tamari. Laissez mijoter environ 10 minutes. Laissez refroidir et incorporez les graines de sésame. Se conserve 4 jours au réfrigérateur.

POIS CHICHES ÉPICÉS

Préparation : 10 minutes
Cuisson : 1 heure et 15 minutes

pour 500 g

100 g de pois chiches secs
2 belles tomates évidées, épépinées et émincées
1 petit oignon rouge émincé
1,5 cuillerée à soupe de vinaigre de xérès
60 ml d'huile d'olive + 1 cuillérée à soupe
le jus et le zeste râpé de 1 citron
2 cuillerées à café de garam masala
30 g de persil finement ciselé
sel et poivre

recette

Faites cuire les pois chiches selon les indications portées sur le paquet et égouttez. Dans une sauteuse, faites chauffer 2 cuillerées à soupe d'huile d'olive à feu doux. Faites-y revenir l'oignon. Ajoutez les épices et les tomates, puis laissez cuire 15 minutes jusqu'à obtenir une consistance onctueuse. Ajoutez les pois chiches, le jus et le zeste du citron, le vinaigre et les herbes. Versez le reste de l'huile d'olive, salez et poivrez. Se conserve 4 jours au réfrigérateur.

HOUMOUS

Préparation : 8 minutes

pour 350 ml

440 g de pois chiches en conserve égouttés
100 ml d'eau
75 ml de tahin nature
le jus de 1 citron
1 gousse d'ail
1 cuillerée à café de sel

recette

Mixez finement tous les ingrédients dans un robot.
Se conserve 4 jours au réfrigérateur. Servez à température ambiante.

SAUCE AU TAHIN

Préparation : 6 minutes

pour 400 ml

250 ml de tahin nature
180 ml d'eau glacée
le jus de 1 citron
sel

recette

Dans un petit bol, fouettez tous les ingrédients jusqu'à obtenir une sauce onctueuse. Salez. Se conserve 4 jours au réfrigérateur. Servez à température ambiante.

VINAIGRETTE AU MISO

Préparation : 8 minutes

pour 260 ml

3 cuillerées à soupe (60 g) de miso blanc doux non pasteurisé
3 cuillerées à soupe de vinaigre de riz complet
3 cuillerées à soupe de jus de citron frais
1 cuillerée à café de tamari
1 cuillerée à café de mirin
125 ml d'huile d'olive

recette

Mélangez finement tous les ingrédients, sauf l'huile d'olive, dans un robot. Ajoutez l'huile d'olive en continuant de mélanger pour émulsifier. Se conserve 10 jours au réfrigérateur.

SAUCE AU CURCUMA

Préparation : 25 minutes

pour 220 ml

2 cuillerées à soupe de tahin nature
½ gousse d'ail finement hachée
3 morceaux de 5 cm de curcuma frais, pelés et râpés
2,5 cm de gingembre frais, pelé et râpé
90 ml de jus de citron frais
1 cuillerée à soupe de sirop d'agave
sel et poivre

recette

Mixez finement tous les ingrédients dans un robot. Salez et poivrez.
Rectifiez la consistance avec un trait de jus de citron.
Se conserve 10 jours au réfrigérateur.

CONFIT DE BETTERAVE

Préparation : 25 minutes
Cuisson : 20 minutes

pour 700 g

400 g de betteraves rouges pelées et râpées
1 petit oignon rouge finement émincé
45 g de raisins secs blonds
2 gousses d'ail finement hachées
60 ml d'huile d'olive
3 cuillerées à soupe de vinaigre balsamique
1 cuillerée à soupe de mirin
sel et poivre

recette

Dans une poêle, faites chauffer 2 cuillerées à soupe d'huile d'olive à feu moyen. Ajoutez l'oignon et laissez revenir 8 minutes. Montez le feu et faites caraméliser. Ajoutez l'ail et laissez revenir 2 minutes. Ajoutez la betterave, les raisins secs, 60 ml d'eau, le vinaigre, le mirin et l'huile restante. Laissez épaissir 10 minutes jusqu'à évaporation complète du liquide. Salez et poivrez.

RIZ

Explorez l'univers fabuleux du riz, long ou court, rouge, blanc ou noir, et découvrez que cette céréale peut jouer plus que les seconds rôles. Chaque variété offre un goût et une texture uniques à vos assiettes tout en apportant de la consistance à un régime à base de légumes.

RIZ COMPLET ET PESTO AUX HERBES

Préparation : 15 minutes
Cuisson : 40 minutes

pour 4 personnes

200 g de riz complet cru (400 g cuit)
300 g de carottes (environ 4 carottes moyennes) cuites et tendres
120 g de radis finement émincés
80 g de pesto aux herbes (voir page 18)
½ citron confit finement émincé
sel et poivre

recette

Faites cuire le riz selon les indications portées sur le paquet. Répartissez dans 4 assiettes de service. Garnissez avec les carottes et les radis. Parsemez d'une cuillerée de pesto et ajoutez le citron confit. Salez et poivrez.

RIZ COMPLET À L'ASIATIQUE

Préparation : 10 minutes
Cuisson : 40 minutes

pour 4 personnes

200 g de riz complet cru (400 g cuit)
150 g de pois gourmands blanchis et finement émincés
120 g d'algues au sésame et tamari (voir page 26)
10 g de shiso (menthe japonaise)
wasabi, selon votre goût
gingembre confit, selon votre goût

recette

Faites cuire le riz selon les indications portées sur le paquet. Répartissez dans 4 assiettes de service. Garnissez avec les pois gourmands et les algues et parsemez de shiso. Ajoutez le wasabi et le gingembre à votre convenance.

RIZ ROUGE À LA SAUCE AU TAHIN

Préparation : 10 minutes
Cuisson : 45 minutes

pour 4 personnes

200 g de riz rouge cru (400 g cuit)
8 prunes dénoyautées, coupées en deux et rôties
125 ml de sauce au tahin (voir page 32)
1 petite poignée de feuilles de coriandre
3 gousses de cardamome
sel et poivre, huile d'olive

recette

Placez les 3 gousses de cardamome dans la casserole de riz et faites cuire selon les indications portées sur le paquet. Répartissez dans 4 assiettes de service et garnissez avec les prunes rôties. Arrosez d'une cuillerée de sauce au tahin et d'un filet d'huile d'olive, puis parsemez de coriandre. Salez et poivrez.

RIZ BASMATI ET DAL VOLUPTUEUX

Préparation : 15 minutes + Trempage : 1 heure
Cuisson : 50 minutes

pour 4 personnes

200 g de riz basmati cru (400 g cuit)
190 g de lentilles corail laissées à tremper 1 heure et égouttées
2 oignons grossièrement hachés et sautés
8 tomates cerises coupées en deux et rôties
le jus de 1 citron
25 g de feuilles de coriandre
2 cuillerées à café de garam masala
sel et poivre, huile d'olive

recette

Dans une casserole, recouvrez les lentilles de 5 cm d'eau froide. Portez à ébullition et laissez mijoter 30 minutes jusqu'à ce qu'elles tombent en purée, en ajoutant de l'eau au besoin. Ajoutez le garam masala et le jus de citron. Salez et poivrez. Faites cuire le riz selon les indications portées sur le paquet. Répartissez dans 4 assiettes de service. Ajoutez le dal de lentilles. Garnissez avec les oignons et les tomates et parsemez de coriandre. Arrosez d'un filet d'huile d'olive. Salez et poivrez.

RIZ BASMATI ET GOMBOS AU CURRY

Préparation : 10 minutes
Cuisson : 45 minutes

pour 4 personnes

200 g de riz basmati cru (400 g cuit)
220 g de gombos coupés en tronçons de 2,5 cm
2 tomates moyennes coupées en dés
60 ml d'huile d'olive
1 cuillerée à soupe de garam masala
10 g de feuilles de menthe
sel et poivre
80 g de chutney de coco (voir page 20)

recette

Faites cuire le riz selon les indications portées sur le paquet. Dans une poêle, faites chauffer l'huile d'olive jusqu'à ce qu'elle soit bien chaude. Ajoutez les gombos et saisissez 5 minutes. Ajoutez le garam masala et les tomates, salez et poivrez et versez 250 ml d'eau. Laissez mijoter 10 minutes jusqu'à ce que le mélange épaississe. Répartissez le riz dans 4 assiettes de service, garnissez avec les gombos puis parsemez de menthe. Servez avec du chutney de coco.

RIZ AU JASMIN ET CAROTTES MARINÉES

Préparation : 10 minutes + Marinade : 30 minutes
Cuisson : 30 minutes

pour 4 personnes

200 g de riz au jasmin cru (400 g cuit)
400 g de carottes de différentes couleurs finement émincées
50 g de crème fraîche végétale (voir page 14)
250 ml de vinaigre blanc
120 g de cacahuètes grillées
1 petite poignée de feuilles de menthe
sauce piquante, selon votre goût

recette

Laissez mariner les carottes dans le vinaigre blanc 30 minutes environ, puis égouttez. Faites cuire le riz selon les indications portées sur le paquet. Répartissez dans 4 assiettes de service. Fouettez la crème fraîche et la sauce piquante. Garnissez avec les carottes, arrosez d'une cuillerée à soupe du mélange à la sauce piquante et parsemez de menthe et de cacahuètes grillées.

RIZ NOIR AUX LÉGUMES ÉMINCÉS

Préparation : 15 minutes + Repos : 20 minutes
Cuisson : 40 minutes

pour 4 personnes

200 g de riz noir cru (400 g cuit)
150 g de pois gourmands coupés en julienne
150 g de betteraves coupées en julienne
150 g de carottes coupées en julienne
200 g de tofu ferme, coupé en tranches
120 ml de vinaigrette au miso (voir page 34)
30 ml de vinaigre de riz

recette

Faites cuire le riz selon les indications portées sur le paquet. Attendrissez les légumes avec du vinaigre et laissez reposer 20 minutes environ. Répartissez le riz dans 4 assiettes de service, garnissez avec les légumes et le tofu, et arrosez de vinaigrette au miso.

RIZ COMPLET, LÉGUMES FERMENTÉS ET TOFU

Préparation : 10 minutes + Repos : 1 heure
Cuisson : 40 minutes

pour 4 personnes

200 g de riz complet cru (400 g cuit)
400 g de légumes fermentés de votre choix
200 g de tofu ferme, coupé en tranches
2 cuillerées à soupe d'huile de sésame
1 petite poignée de feuilles de coriandre
150 g de graines de tournesol grillées
sel et poivre, huile d'olive

recette

Faites cuire le riz selon les indications portées sur le paquet et laissez reposer 1 heure. Dans une poêle, faites chauffer l'huile de sésame à feu moyen. Ajoutez le riz et saisissez 8 minutes, jusqu'à ce qu'il soit bien doré. Répartissez le riz dans 4 assiettes de service et garnissez avec les légumes, le tofu, les graines de tournesol et la coriandre. Arrosez d'huile d'olive, salez et poivrez.

LES DEUX SAISONS

Préparation : 15 minutes
Cuisson : 45 minutes

pour 4 personnes

160 g de riz sauvage cru (320 g cuit)
1 tête de brocoli (400 g) détaillée en fleurettes et cuite
180 g de champignons shiitakés, sans pied, émincés et sautés
150 g de châtaignes grillées et hachées
7 tomates cerises coupées en deux et rôties
1 petite poignée de feuilles de persil plat
sel et poivre, huile d'olive

recette

Faites cuire le riz sauvage selon les indications portées sur le paquet. Répartissez dans 4 assiettes de service. Garnissez avec les shiitakés, les châtaignes, les tomates et les brocolis. Parsemez de persil plat et arrosez d'un filet d'huile d'olive. Salez et poivrez.

RIZ SAUVAGE FAÇON FEUILLES D'AUTOMNE

Préparation : 10 minutes
Cuisson : 45 minutes

pour 4 personnes

160 g de riz sauvage cru (320 g cuit)
½ courge butternut (400 g) pelée, épépinée et rôtie
250 g de yaourt à la noix de coco
160 g de confit de betterave (voir page 38)
tranches de citron vert
gingembre frais râpé, selon votre goût
sel et poivre, huile d'olive

recette

Faites cuire le riz selon les indications portées sur le paquet. Répartissez dans 4 assiettes de service. Garnissez avec la courge, le confit de betterave, le gingembre et le yaourt. Salez et poivrez. Arrosez d'un filet d'huile d'olive et décorez de tranches de citron vert.

NOUILLES DE RIZ ET LÉGUMES AU SATAY

Préparation : 15 minutes
Cuisson : 10 minutes

pour 4 personnes

500 g de nouilles de riz
1 concombre coupé en julienne
1 petit bulbe de fenouil finement émincé
1 betterave jaune finement émincée
150 g de cacahuètes grillées
125 ml de sauce satay
2 cuillerées à soupe de vinaigre de riz

recette

Faites cuire les nouilles selon les indications portées sur le paquet. Répartissez dans 4 assiettes de service. Versez le vinaigre sur les légumes et disposez-les sur les nouilles. Arrosez de sauce satay et parsemez de cacahuètes grillées.

RIZ COMPLET, SHIITAKÉS ET HARICOTS VERTS

Préparation : 20 minutes
Cuisson : 45 minutes

pour 4 personnes

200 g de riz complet cru (400 g cuit)
250 g de lentilles noires sèches (400 g cuites)
250 g de haricots verts équeutés et blanchis
250 g de champignons shiitakés, sans pied, émincés et sautés
8 petites échalotes rôties
125 ml de vinaigrette au miso (voir page 34)
25 g de branches de cerfeuil

recette

Faites cuire le riz et les lentilles selon les indications portées sur les paquets. Répartissez dans 4 assiettes de service. Garnissez avec les haricots verts, les échalotes et les champignons shiitakés. Arrosez de vinaigrette au miso et parsemez de cerfeuil.

RIZ ROUGE, FÈVES ET CHIPS DE BANANE

Préparation : 15 minutes
Cuisson : 30 minutes

pour 4 personnes

200 g de riz rouge cru (400 g cuit)
300 g de fèves pelées, blanchies et hachées
168 g de chips de banane
125 ml de pesto aux herbes (voir page 18)
1 petite poignée de feuilles de menthe
sel et poivre, huile d'olive

recette

Faites cuire le riz selon les instructions du paquet. Répartissez dans 4 assiettes de service. Garnissez avec les fèves, les chips de banane et une cuillerée de pesto aux herbes. Parsemez de feuilles de menthe et arrosez d'un filet d'huile d'olive. Salez et poivrez.

RIZ FAÇON CALIFORNIA ROLLS

Préparation : 10 minutes
Cuisson : 30 minutes

pour 4 personnes

200 g de riz à sushi cru (400 g cuit)
200 g de pois gourmands blanchis et finement émincés dans la longueur
160 g d'algues au sésame et tamari (voir page 26)
125 g de laitue romaine
2 avocats émincés
gingembre confit, selon votre goût

Faites cuire le riz selon les indications portées sur le paquet. Répartissez dans 4 assiettes de service. Garnissez avec la laitue, les avocats et les pois gourmands. Parsemez d'algues au sésame et tamari ainsi que de gingembre confit.

RIZ NOIR GLUANT AU CONFIT DE BETTERAVE

Préparation : 10 minutes
Cuisson : 45 minutes

pour 4 personnes

200 g de riz noir gluant cru (400 g cuit)
400 g de rutabagas, pelés et rôtis
2 poireaux moyens épluchés, fendus, coupés en deux et rôtis
160 g de confit de betterave (voir page 38)
sel et poivre, huile d'olive

recette

Faites cuire le riz selon les indications portées sur le paquet. Répartissez dans 4 assiettes de service. Garnissez avec les rutabagas et les poireaux, puis le confit de betterave. Arrosez d'un filet d'huile d'olive. Salez et poivrez.

ARC-EN-CIEL

Préparation : 10 minutes
Cuisson : 45 minutes

pour 4 personnes

200 g de riz noir cru (400 g cuit)
200 g de carottes rôties
180 g de betteraves Chioggia finement émincées
1 avocat coupé en morceaux
50 g de pistaches
120 ml de sauce au curcuma (voir page 36)
10 g de feuilles de coriandre
sel et poivre, huile d'olive

recette

Faites cuire le riz selon les indications portées sur le paquet. Répartissez dans 4 assiettes de service. Garnissez avec les carottes, les betteraves, l'avocat, les pistaches, la coriandre et la sauce au curcuma. Arrosez d'un filet d'huile d'olive. Salez et poivrez.

RIZ BASMATI FAÇON BHINDI BHAJI

Préparation : 15 minutes + Trempage : 1 heure
Cuisson : 50 minutes

pour 4 personnes

200 g de riz basmati cru (400 g cuit)
190 g de lentilles corail laissées à tremper 1 heure et égouttées
1 aubergine moyenne émincée, rôtie et assaisonnée
160 g de chutney de coco (voir page 20)
180 g de yaourt à la noix de coco
2 cuillerées à café de garam masala
1 petite poignée de feuilles de menthe
sel et poivre, huile d'olive

recette

Dans une casserole, portez les lentilles à ébullition dans 500 ml d'eau. Laissez mijoter à feu doux 40 minutes environ, jusqu'à ce que les lentilles tombent en purée. Ajoutez le garam masala. Salez et poivrez. Faites cuire le riz selon les indications du paquet. Répartissez dans 4 assiettes de service. Garnissez avec le dal de lentilles, l'aubergine, le chutney de coco, le yaourt et parsemez de feuilles de menthe. Arrosez d'un filet d'huile d'olive.

RIZ À L'ESPAGNOLE

Préparation : 10 minutes
Cuisson : 40 minutes

pour 4 personnes

200 g de riz blanc cru (400 g cuit)
320 g de haricots blancs marinés (voir page 22)
180 g de poivrons rouges finement émincés et rôtis
1 grande poignée de haricots d'Espagne blanchis
150 g de tomates cerises coupées en deux
1 pincée de pistils de safran
1 petite poignée de feuilles de basilic
sel et poivre, huile d'olive

recette

Faites cuire le riz selon les indications portées sur le paquet, en ajoutant le safran à l'eau de cuisson. Répartissez dans 4 assiettes de service. Garnissez avec les poivrons rouges rôtis, les haricots d'Espagne, les haricots blancs marinés, les tomates cerises et le basilic. Arrosez d'un filet d'huile d'olive. Salez et poivrez.

RIZ ET BETTES EN DEUX COULEURS

Préparation : 15 minutes
Cuisson : 45 minutes

pour 4 personnes

200 g de riz rouge cru (400 g cuit)
250 g de bettes à carde arc-en-ciel, finement émincées
2 petits oignons rouges émincés et sautés
2 cuillerées à soupe de raisins secs blonds
125 g de yaourt à la noix de coco
120 g de graines de courge
2 cuillerées à soupe d'huile d'olive
sel et poivre

recette

Faites cuire le riz selon les indications portées sur le paquet. Dans une sauteuse, faites chauffer l'huile d'olive à feu doux. Ajoutez les graines de courge et faites sauter 3 minutes, jusqu'à ce qu'elles soient dorées. Ajoutez les raisins secs et poursuivez la cuisson quelques minutes. Ajoutez les bettes et faites revenir jusqu'à ce qu'elles soient à peine saisies. Répartissez le riz dans 4 assiettes de service et garnissez avec le mélange de légumes et les oignons. Arrosez d'une cuillerée de yaourt à la noix de coco. Salez et poivrez.

RIZ NOIR DES CINQ ÉLÉMENTS

Préparation : 10 minutes
Cuisson : 45 minutes

pour 4 personnes

200 g de riz noir cru (400 g cuit)
300 g de pois gourmands blanchis
3 petits radis finement émincés
200 g de tofu ferme, coupé en petits dés
250 ml de lait de coco entier non sucré
125 ml de sauce au curcuma (voir page 36)
1 petite poignée de feuilles de coriandre
sel et poivre, huile d'olive

recette

Faites cuire le riz selon les indications portées sur le paquet, en remplaçant 250 ml d'eau par le lait de coco. Répartissez dans 4 assiettes de service. Garnissez avec les pois gourmands, les radis et le tofu. Arrosez de sauce au curcuma et parsemez de coriandre. Arrosez d'un filet d'huile d'olive. Salez et poivrez.

DUO DE RIZ, BUTTERNUT ET NOIX

Préparation : 15 minutes
Cuisson : 50 minutes

pour 4 personnes

100 g de riz rouge cru (200 g cuit)
80 g de riz sauvage cru (200 g cuit)
½ courge butternut (400 g) pelée, épépinée et rôtie
100 g de noix grillées et hachées
1 pomme finement émincée
160 g de confit de betterave (voir page 38)
50 g de fromage végétal émietté
sel et poivre, huile d'olive

83

recette

Faites cuire les deux riz séparément selon les indications des paquets. Répartissez dans 4 assiettes de service. Garnissez avec la courge, la pomme, les noix, le confit et le fromage. Arrosez d'un filet d'huile d'olive. Salez et poivrez.

CURRY CHOU, JASMIN

Préparation : 15 minutes
Cuisson : 45 minutes

pour 4 personnes

200 g de riz au jasmin cru (400 g cuit)
1 aubergine moyenne émincée, assaisonnée et rôtie
½ tête de chou vert sans cœur, émincée et rôtie
125 g de tofu ferme, coupé en petits dés
125 ml de sauce au curry vert
2 cuillerées à soupe de vinaigre de riz
1 petite poignée de feuilles de coriandre
sel et poivre, huile d'olive

recette

Faites cuire le riz selon les indications portées sur le paquet. Répartissez dans 4 assiettes de service. Garnissez avec le tofu, la sauce au curry vert, l'aubergine, le chou et le vinaigre. Parsemez de coriandre. Arrosez d'un filet d'huile d'olive. Salez et poivrez.

RIZ COMPLET DES GOURMANDS

Préparation : 5 minutes
Cuisson : 30 minutes

pour 4 personnes

200 g de riz complet cru (400 g cuit)
2 mangues mûres coupées en morceaux
2 avocats mûrs coupés en morceaux
125 ml de sauce au tahin (voir page 32)
125 ml de chutney de coco (voir page 20)
harissa, selon votre goût
yaourt à la noix de coco, selon votre goût
1 petite poignée de feuilles de basilic
sel et poivre, huile d'olive

recette

Faites cuire le riz selon les indications portées sur le paquet. Répartissez dans 4 assiettes de service. Garnissez avec la mangue et l'avocat, puis la sauce au tahin et le chutney. Arrosez d'un filet d'huile d'olive. Salez et poivrez. Ajoutez le basilic, la harissa et le yaourt à la noix de coco avant de servir.

RIZ FAÇON THALI

Préparation : 10 minutes
Cuisson : 45 minutes

pour 4 personnes

200 g de riz blanc cru (400 g cuit)
1 tête de chou-fleur (500 g) coupée en fleurettes et rôtie
125 g de petits pois frais blanchis
125 g de chutney de mangue
3 papadums grillés
1 pincée de pistils de safran
1 petite poignée de feuilles d'herbes aromatiques : coriandre, persil ou aneth

recette

Faites cuire le riz selon les indications portées sur le paquet, en ajoutant le safran à l'eau de cuisson. Répartissez dans 4 assiettes de service. Garnissez avec les fleurettes de chou-fleur rôties, les petits pois, le chutney de mangue, les herbes et les papadums grillés.

LÉGUMINEUSES

Les légumes secs sont l'un des ingrédients phare des recettes vegan. Ils apportent les nutriments essentiels à ce régime alimentaire où les protéines sont rares. Chaque recette met en valeur une légumineuse, mais s'il vous manque l'ingrédient phare, vous pouvez facilement le remplacer par un autre légume sec !

SALUTATION AU SOLEIL

Préparation : 5 minutes
Cuisson : 1 heure

pour 4 personnes

125 g de haricots borlotti secs (425 g cuits)
100 g de riz complet cru (200 g cuit)
50 g de chips de chou kale (voir page 15)
12 tomatilles cerises rôties
1 petite poignée de feuilles de coriandre
sauce piquante, selon votre goût
sel et poivre

recette

Faites cuire les haricots et le riz selon les indications portées sur les paquets. Répartissez dans 4 assiettes de service. Garnissez avec les chips de chou kale, les tomates cerises et les feuilles de coriandre. Salez et poivrez avant d'arroser de sauce piquante.

LENTILLES VERTES DE JALOUSIE

Préparation : 10 minutes
Cuisson : 45 minutes

pour 4 personnes

125 g de lentilles vertes du Puy sèches (200 g cuites)
100 g de riz complet cru (200 g cuit)
2 avocats coupés en morceaux
120 g de roquette
8 dattes Medjool, dénoyautées et coupées
125 g de pesto aux herbes (voir page 18)
sel et poivre, huile d'olive

95

recette

Faites cuire les lentilles et le riz, selon les indications portées sur les paquets. Répartissez dans 4 assiettes de service. Garnissez avec la roquette, l'avocat et les dattes, puis ajoutez une cuillerée de pesto aux herbes. Arrosez d'un filet d'huile d'olive. Salez et poivrez.

LENTILLES À L'INDIENNE

Préparation : 15 minutes
Cuisson : 50 minutes

pour 4 personnes

125 g de lentilles vertes du Puy sèches (200 g cuites)
100 g de pois chiches secs (250 g cuits)
2 oignons, grossièrement émincés et caramélisés
8 tomates, coupées en deux et rôties
300 g de chutney de mangue
100 g de yaourt à la noix de coco
1 petite poignée de branches de basilic
sel et poivre, huile d'olive

recette

Faites cuire les lentilles et les pois chiches selon les indications portées sur les paquet. Répartissez dans 4 assiettes de service. Garnissez avec les oignons, les tomates, le chutney de mangue, le yaourt et le basilic. Arrosez d'un filet d'huile d'olive. Salez et poivrez.

HARICOTS MUNGO NAMASTÉ

Préparation : 10 minutes
Cuisson : 45 minutes

pour 4 personnes

125 g de haricots mungo secs (425 g cuits)
100 g de riz complet cru (200 g cuit)
les graines de 1 grenade (125 g)
120 g de salade amère : feuilles de pissenlit, moutarde, chou kale ou brocoli-rave
140 g de noix épicées hachées
150 g de chutney de coco (voir page 20)
sel et poivre, huile d'olive

recette

Faites cuire le riz et les haricots séparément selon les indications portées sur les paquets. Répartissez dans 4 assiettes de service. Garnissez avec les graines de grenade, les feuilles de salade, les noix épicées et le chutney de coco. Arrosez d'un filet d'huile d'olive. Salez et poivrez.

PETITS POIS ET TEMPEH MARINÉ

Préparation : 10 minutes
Cuisson : 45 minutes

pour 4 personnes

125 g de soja sec (425 g cuit)
300 g de petits pois frais, blanchis et décortiqués
225 g de tempeh mariné (voir page 24)
2 poireaux moyens (300 g), épluchés, émincés et blanchis
1 petite poignée de feuilles de menthe
raifort préparé, selon votre goût
sel et poivre, huile d'olive

recette

Faites cuire le soja selon les indications portées sur le paquet. Répartissez dans 4 assiettes de service. Garnissez avec le tempeh, les petits pois, les poireaux et les feuilles de menthe, puis ajoutez le raifort. Arrosez d'un filet d'huile d'olive. Salez et poivrez.

HARICOTS NOIRS TEX MEX

Préparation : 10 minutes
Cuisson : 45 minutes

pour 4 personnes

200 g de haricots noirs secs (500 g cuits)
300 g de petites courgettes jaunes, tranchées et rôties
1 avocat coupé en morceaux
125 g de chips de maïs
100 g de crème fraîche végétale (voir page 14)
50 g de sauce adobo
1 petite poignée de feuilles de coriandre

recette

Faites cuire les haricots noirs selon les indications portées sur le paquet. Répartissez dans 4 assiettes de service. Garnissez avec les courgettes, la sauce adobo, les chips de maïs, la crème fraîche, l'avocat et la coriandre.

HARICOTS ROUGES JUSTE POUR MOI

Préparation : 10 minutes
Cuisson : 45 minutes

pour 4 personnes

250 g de haricots rouges secs (850 g cuits)
180 g de cresson
200 g d'épis de maïs frais, grillés
180 g de poivrons rouges grillés, finement émincés
2 avocats coupés en morceaux
180 g de graines de courge grillées
sel et poivre, huile d'olive

recette

Faites cuire les haricots rouges selon les indications portées sur le paquet. Répartissez dans 4 assiettes de service. Garnissez avec le cresson, l'avocat, le maïs, les poivrons et les graines de courge. Salez et poivrez. Arrosez d'un filet d'huile d'olive.

HARICOTS BLANCS ET CANNEBERGES

Préparation : 30 minutes

pour 4 personnes

500 g de haricots blancs marinés (voir page 22)
80 g de feuilles de chou kale finement émincées
2 petites branches de céleri finement émincées
180 g de canneberges séchées
180 g de fromage végétal (voir page 14), émietté
quelques tranches de citron
sel et poivre

recette

Mélangez les haricots blancs avec le chou kale, le céleri et les canneberges. Répartissez dans 4 assiettes de service. Garnissez avec le fromage végétal émietté. Salez et poivrez. Décorez de tranches de citron.

TAPAS

Préparation : 10 minutes
Cuisson : 40 minutes

pour 4 personnes

125 g de haricots cannellini secs (425 g cuits)
100 g de riz blanc cru (200 g cuit)
1 grande poignée de poivrons de Padrón rôtis
100 g d'amandes salées et grillées
70 g de fromage végétal (voir page 14)
120 ml de sauce Romesco (voir page 15)
sel et poivre, huile d'olive

recette

Faites cuire le riz et les haricots selon les indications portées sur le paquet. Répartissez dans 4 assiettes de service. Garnissez avec les poivrons de Padrón, la sauce Romesco, les amandes et le fromage. Arrosez d'un filet d'huile d'olive. Salez et poivrez.

LENTILLES VERTES ET POIS CHICHES ÉPICÉS

Préparation : 10 minutes
Cuisson : 40 minutes

pour 4 personnes

250 g de lentilles vertes du Puy sèches (400 g cuites)
1 aubergine moyenne, coupée en dés, assaisonnée et grillée
250 g de pois chiches épicés (voir page 28)
120 ml de yaourt à la noix de coco
60 ml de mélasse de grenade
25 g de feuilles de menthe
sel et poivre, huile d'olive

recette

Faites cuire les lentilles selon les indications portées sur le paquet. Répartissez dans 4 assiettes de service. Garnissez avec la menthe, l'aubergine, les pois chiches épicés, le yaourt et la mélasse de grenade. Arrosez d'un filet d'huile d'olive. Salez et poivrez.

HARICOTS BLANCS, LÉGUMES ET TEMPEH

Préparation : 30 minutes

pour 4 personnes

500 g de haricots blancs marinés (voir page 22)
2 petites courgettes (280 g), coupées en tranches et sautées
1 botte de bettes à carde arc-en-ciel (225 g), finement émincées
225 g de tempeh mariné (voir page 24)
le jus de 1 citron
sel et poivre, huile d'olive

recette

Répartissez les haricots dans 4 assiettes de service. Garnissez avec le tempeh et les courgettes. Arrosez les bettes de jus de citron et ajoutez à l'assiette. Salez et poivrez avant d'arroser d'un filet d'huile d'olive.

LENTILLES DES YOGIS

Préparation : 10 minutes
Cuisson : 40 minutes

pour 4 personnes

250 g de lentilles vertes du Puy sèches (400 g cuites)
4 carottes moyennes (250 g), râpées en grosses lamelles
180 g de pois chiches germés
150 g de pois gourmands blanchis
80 g de chutney de coco (voir page 20)
1 petite poignée de feuilles de coriandre
sel et poivre, huile d'olive

recette

Faites cuire les lentilles selon les indications portées sur le paquet. Répartissez dans 4 assiettes de service. Garnissez avec les carottes, les pois chiches, les pois gourmands, le chutney de coco et la coriandre. Arrosez d'un filet d'huile d'olive. Salez et poivrez.

HARICOTS AZUKI BOOT CAMP

Préparation : 15 minutes
Cuisson : 50 minutes

pour 4 personnes

175 g de haricots azuki secs (425 g cuits)
125 g de lentilles noires sèches (200 g cuites)
600 g de courge pelée, épépinée et rôtie
150 g de haricots verts, équeutés et blanchis
40 g de gingembre mariné
60 ml de vinaigrette au miso (voir page 34)
sel et poivre, huile d'olive

recette

Faites cuire les haricots et les lentilles selon les indications portées sur les paquets. Répartissez dans 4 assiettes de service. Garnissez avec la courge, les haricots verts, la vinaigrette au miso et le gingembre mariné. Arrosez d'un filet d'huile d'olive. Salez et poivrez.

LE HAUT DU PANAIS

Préparation : 15 minutes
Cuisson : 50 minutes

pour 4 personnes

200 g de haricots rouges borlotti secs (500 g cuits)
120 g de chou kale sauté
400 g de panais pelés, finement émincés et rôtis en chips
100 g de noisettes grillées
180 ml de yaourt à la noix de coco
60 g de noix de coco râpée et grillée
1 petite poignée de feuilles de thym
sel et poivre, huile d'olive

recette

Faites cuire les haricots selon les indications portées sur le paquet. Répartissez dans 4 assiettes de service. Garnissez avec le panais, le chou kale, le yaourt, les noisettes, la noix de coco et le thym. Arrosez d'un filet d'huile d'olive. Salez et poivrez.

CORNILLES AUX GOMBOS

Préparation : 15 minutes
Cuisson : 45 minutes

pour 4 personnes

200 g de cornilles crues (500 g cuites)
250 g de gombos, équeutés et
coupés en tronçons de 2,5 cm
3 oignons rouges nouveaux ou 1 petit oignon, finement émincés
2 tomates vertes coupées en quartiers
2 cuillerées à soupe d'huile d'olive
½ cuillerée à café de piment en poudre
1 petite poignée de feuilles de coriandre
quelques quartiers de citron vert
sel et poivre

recette

Faites cuire les cornilles selon les indications portées sur le paquet. Dans une poêle, faites chauffer l'huile d'olive, ajoutez les gombos et faites sauter 4 minutes, jusqu'à ce qu'ils soient tendres. Ajoutez les oignons et laissez revenir quelques minutes. Ajoutez les tomates et poursuivez la cuisson 2 minutes. Assaisonnez avec le piment en poudre. Répartissez les cornilles dans 4 assiettes de service. Garnissez avec le mélange de gombos. Arrosez d'un filet d'huile d'olive. Salez et poivrez. Garnissez avec les quartiers de citron vert et la coriandre.

ASSIETTE DU VENDREDI SOIR

Préparation : 10 minutes
Cuisson : 20 minutes

pour 4 personnes

500 g de haricots blancs marinés (voir page 22)
200 g de cœurs d'artichauts égouttés
175 g de fines asperges épluchées et rôties
125 g de roquette
huile d'olive
½ citron confit finement émincé
1 petite poignée de branches de romarin frites

recette

Répartissez les haricots dans 4 assiettes de service.
Garnissez avec les cœurs d'artichauts, les asperges rôties et la roquette.
Ajoutez le citron confit et parsemez de romarin. Arrosez d'un filet d'huile d'olive.

FRAÎCHEUR DU JARDIN

Préparation : 10 minutes
Cuisson : 40 minutes

pour 4 personnes

250 g de lentilles vertes du Puy sèches (400 g cuites)
250 g de chou-fleur finement émincé
180 g de concombre coupé en dés
300 g de tomates cerises coupées en deux
120 g de pesto aux herbes (voir page 18)
180 ml de yaourt à la noix de coco
1 petite poignée de feuilles de basilic
sel et poivre, huile d'olive

recette

Faites cuire les lentilles selon les indications portées sur le paquet. Mélangez le chou-fleur, le concombre et le pesto. Répartissez les lentilles dans 4 assiettes de service. Garnissez avec les tomates cerises, le mélange de chou-fleur, le basilic et le yaourt. Arrosez d'un filet d'huile d'olive. Salez et poivrez.

FÈVES À L'ORIENTALE

Préparation : 10 minutes
Cuisson : 50 minutes

pour 4 personnes

200 g de fèves sèches (500 g cuites)
2 oignons rouges caramélisés
250 g de pois chiches épicés (voir page 28)
50 g de pistaches hachées
180 ml de crème fraîche végétale (voir page 14)
15 g d'aneth
½ cuillerée à café de sumac
sel et poivre, huile d'olive

recette

Faites cuire les fèves selon les indications portées sur le paquet. Répartissez dans 4 assiettes de service. Garnissez avec les oignons, les pois chiches épicés, la crème fraîche, les pistaches, l'aneth et le sumac. Arrosez d'un filet d'huile d'olive. Salez et poivrez.

ASSIETTE TOUTE LÉGÈRE

Préparation : 10 minutes
Cuisson : 50 minutes

pour 4 personnes

250 g de haricots mungo secs (500 g cuits)
150 g de carottes pelées et finement émincées
150 g de betteraves finement émincées
125 g de chou-rave finement émincé
125 ml de sauce au curcuma (voir page 36)
1 petite poignée de feuilles de menthe
1 citron
sel et poivre, huile d'olive

recette

Faites cuire les haricots selon les indications portées sur le paquet. Répartissez dans 4 assiettes de service. Garnissez avec les betteraves, les carottes et le chou-rave. Arrosez de sauce au curcuma, parsemez de menthe et de citron, puis ajoutez un filet d'huile d'olive. Salez et poivrez.

POIS CHICHES AUX ABRICOTS

Préparation : 10 minutes
Cuisson : 40 minutes

pour 4 personnes

200 g de pois chiches secs (500 g cuit)
8 abricots frais coupés en deux et rôtis
125 g d'olives vertes coupées en morceaux
125 ml de sauce au tahin (voir page 32)
80 g de chutney de coco (voir page 20)
1 petite poignée de feuilles d'origan
½ cuillerée à café de zaatar
sel et poivre, huile d'olive

recette

Parsemez les abricots rôtis de zaatar. Faites cuire les pois chiches selon les indications du paquet, puis écrasez grossièrement à la fourchette avec la sauce au tahin. Répartissez dans 4 assiettes de service. Garnissez avec les abricots, les olives, le chutney de coco et l'origan. Arrosez d'un filet d'huile d'olive. Salez et poivrez.

HARICOTS ET PESTO AUX HERBES

Préparation : 10 minutes
Cuisson : 45 minutes

pour 4 personnes

125 g de haricots cannellini secs (425 g cuits)
100 g de riz noir cru (200 g cuit)
120 g de bettes roses sautées
100 g de pleurotes sautés
1 grande poignée de haricots d'Espagne, blanchis et émincés
120 ml de pesto aux herbes (voir page 18)
sel et poivre, huile d'olive

133

recette

Faites cuire les haricots et le riz séparément selon les indications portées sur le paquet. Répartissez dans 4 assiettes de service. Garnissez avec les bettes, les pleurotes, les haricots d'Espagne et le pesto. Arrosez d'un filet d'huile d'olive. Salez et poivrez.

HARICOTS EN SAVASANA

Préparation : 5 minutes
Cuisson : 45 minutes

pour 4 personnes

200 g de haricots mungo germés
200 g de riz rouge cru (400 g cuit)
250 g d'algues au sésame et tamari (voir page 26)
150 g de tofu coupé en dés
60 ml de vinaigrette au miso (voir page 34)
huile d'olive
1 petite poignée d'herbes aromatiques : basilic, coriandre ou aneth

recette

Faites cuire le riz selon les indications portées sur le paquet. Répartissez dans les assiettes de service. Garnissez avec les algues, les haricots germés, le tofu, la vinaigrette au miso et les herbes. Arrosez d'un filet d'huile d'olive avant de servir.

HARICOTS NOIRS ET GALETTES DE RIZ

Préparation : 10 minutes
Cuisson : 45 minutes

pour 4 personnes

200 g de haricots noirs secs (500 g cuits)
270 g de courgettes avec la fleur si possible, émincées dans la longueur et sautées
40 g de galettes de riz soufflé émiettées
2 oignons grossièrement émincés et caramélisés
10 g de feuilles de basilic
10 g de feuilles de menthe
sel et poivre, huile d'olive

recette

Faites cuire les haricots selon les indications portées sur le paquet. Répartissez dans 4 assiettes de service. Garnissez avec les oignons, les courgettes et leurs fleurs, les galettes de riz et les herbes. Arrosez d'un filet d'huile d'olive. Salez et poivrez.

HARICOTS JU-JITSU

Préparation : 10 minutes
Cuisson : 50 minutes

pour 4 personnes

200 g de haricots azuki secs (500 g cuits)
150 g d'aubergines coupées en morceaux, assaisonnées et grillées
100 g de bok choy (1 petite botte) émincé et cuit à la vapeur
100 g de pois au wasabi
125 g de pousses de petits pois
60 ml de vinaigrette au miso (voir page 34)

recette

Faites cuire les haricots selon les indications portées sur le paquet. Arrosez les morceaux d'aubergine et le bok choy avec la moitié de la vinaigrette au miso. Répartissez les haricots dans 4 assiettes de service. Garnissez avec les légumes. Arrosez de la vinaigrette restante et parsemez de pois au wasabi et de pousses de petits pois.

CÉRÉALES

Les céréales (certes le riz est aussi une céréale, mais il a son chapitre à lui tout seul) sont les chouchoutes diététiques du moment. Moulues sur pierre, anciennes ou récoltées à la main, elles font parler d'elles... et c'est mérité : leur petit goût de noisette fait des merveilles dans une assiette vegan.

SEMOULE ISRAÉLIENNE ESTIVALE

Préparation : 15 minutes
Cuisson : 40 minutes

pour 4 personnes

200 g de semoule israélienne crue (400 g cuite)
400 g de pommes de terre nouvelles cuites
125 g de cornichons coupés en morceaux
200 g de tomates cerises coupées en deux
huile d'olive
80 g de graines de tournesol grillées et hachées
1 petite poignée de feuilles de menthe

recette

Faites cuire la semoule selon les indications portées sur le paquet. Répartissez dans 4 assiettes de service. Garnissez avec les pommes de terre, les tomates, les graines de tournesol, les concombres et la menthe. Arrosez d'un filet d'huile d'olive avant de servir.

QUINOA DES AMIS

Préparation : 15 minutes
Cuisson : 15 minutes

pour 4 personnes

200 g de quinoa rouge ou blanc cru (400 g cuit)
400 g de fleurettes de chou-fleur finement émincées
110 g de chou kale finement émincé
100 g de noix de cajou grillées et hachées
50 g de groseilles
le jus de 1 citron
½ cuillerée à café de sumac
sel et poivre, huile d'olive

recette

Faites cuire le quinoa selon les indications portées sur le paquet. Arrosez le chou kale, le chou-fleur et les groseilles avec le jus de citron. Salez et poivrez. Répartissez le quinoa dans 4 assiettes de service. Garnissez avec le mélange de choux et parsemez de noix de cajou hachées. Saupoudrez le sumac et arrosez d'un filet d'huile d'olive.

BLÉ AUTOMNAL

Préparation : 15 minutes
Cuisson : 45 minutes

pour 4 personnes

200 g de blé cru (400 g cuit)
450 g de courge poivrée coupée en tranches, épépinée et rôtie
200 g de roquette
150 g de châtaignes grillées et hachées
2 gousses d'ail émincées
2 cuillerées à soupe d'huile d'olive + 1 cuillérée à soupe
sel et poivre

recette

Faites cuire le blé selon les indications portées sur le paquet. Dans une sauteuse, faites chauffer l'huile d'olive, ajoutez l'ail et faites revenir. Ajoutez les châtaignes et la salade et poursuivez la cuisson jusqu'à ce que la salade soit juste fripée. Répartissez le blé dans 4 assiettes de service. Garnissez avec la courge, la salade, les châtaignes et l'ail. Arrosez d'un filet d'huile d'olive. Salez et poivrez.

SALADE DE QUINOA ET MAÏS

Préparation : 15 minutes
Cuisson : 15 minutes

pour 4 personnes

200 g de quinoa cru (400 g cuit)
200 g d'épis de maïs, grillés puis égrenés
200 g de tofu coupé en dés
2 betteraves finement émincées
8 tomates cerises coupées en deux et rôties
65 ml de pesto aux herbes (voir page 18)
1 petite poignée de feuilles de basilic
sel et poivre, huile d'olive

recette

Faites cuire le quinoa selon les indications portées sur le paquet. Répartissez dans 4 assiettes de service. Garnissez avec le tofu, le maïs, les tomates, les betteraves, le pesto et le basilic. Arrosez d'un filet d'huile d'olive. Salez et poivrez.

QUINOA NOIR QUI A TOUT BON

Préparation : 15 minutes
Cuisson : 50 minutes

pour 4 personnes

200 g de quinoa noir cru (400 g cuit)
300 g de panais pelés, finement émincés et rôtis en chips
100 g de chou kale finement émincé
1 avocat émincé
100 g de figues séchées rôties
125 ml de houmous (voir page 30)
harissa, selon votre goût
10 g de feuilles de coriandre
sel et poivre, huile d'olive

151

recette

Faites cuire le quinoa selon les indications portées sur le paquet. Répartissez dans 4 assiettes de service. Garnissez avec les chips de panais, les figues, le chou kale, l'avocat, la coriandre et le houmous. Arrosez d'un filet d'huile d'olive. Salez et poivrez. Ajoutez de la harissa à votre convenance.

RETOUR AUX SOURCES

Préparation : 10 minutes
Cuisson : 45 minutes

pour 4 personnes

200 g de millet cru (400 g cuit)
300 g de panais pelés, finement émincés et rôtis
1 avocat coupé en morceaux
50 g d'amandes salées hachées
½ citron confit, émincé
1 petite poignée de feuilles d'herbes aromatiques : menthe, origan et persil
sel et poivre, huile d'olive

recette

Faites cuire le millet selon les indications portées sur le paquet. Répartissez dans 4 assiettes de service. Garnissez avec le panais, l'avocat, les amandes, le citron confit et les herbes. Arrosez d'un filet d'huile d'olive. Salez et poivrez.

SOBA YIN ET YANG

Préparation : 10 minutes
Cuisson : 10 minutes

pour 4 personnes

200 g de nouilles soba
200 g de bok choy coupé et cuit à la vapeur
120 g d'algues au sésame et tamari (voir page 26)
100 g de mélange de champignons sautés
pois au wasabi

recette

Faites cuire les nouilles selon les indications portées sur le paquet. Répartissez dans 4 assiettes de service. Garnissez avec les champignons, le bok choy et les algues. Parsemez de pois au wasabi avant de servir.

SEMOULE FAÇON MEZZÉS

Préparation : 10 minutes
Cuisson : 10 minutes

pour 4 personnes

200 g de semoule crue (400 g cuite)
250 g de pois chiches épicés (voir page 28)
8 feuilles de vigne farcies
180 ml de yaourt à la noix de coco
1 petite poignée de feuilles de menthe
huile d'olive

recette

Faites cuire la semoule selon les indications portées sur le paquet. Répartissez dans 4 assiettes de service. Garnissez avec les pois chiches épicés, les dolmadès, le yaourt et la menthe. Arrosez d'un filet d'huile d'olive.

QUINOA DE SOHO

Préparation : 15 minutes
Cuisson : 50 minutes

pour 4 personnes

200 g de quinoa cru (400 g cuit)
100 g d'épinards frais
2 patates douces (500 g) tranchées et rôties, avec la peau
1 aubergine moyenne, coupée en morceaux, assaisonnée et grillée
8 tomates cerises coupées en deux et rôties
60 g de fromage végétal (voir page 14)
sel et poivre, huile d'olive

recette

Faites cuire le quinoa selon les indications portées sur le paquet. Ajoutez les épinards et répartissez dans 4 assiettes de service. Garnissez avec les patates douces, l'aubergine, les tomates et le fromage végétal. Arrosez d'un filet d'huile d'olive. Salez et poivrez.

FREEKEH ET SAUCE AU CURCUMA

Préparation : 10 minutes
Cuisson : 45 minutes

pour 4 personnes

200 g de freekeh cru (400 g cuit)
125 g de lentilles vertes du Puy sèches (200 g cuites)
250 g de choux de Bruxelles rôtis
125 ml de sauce au curcuma (voir page 36)
25 g de noix de coco en copeaux grillée
10 g de feuilles de coriandre
sel et poivre, huile d'olive

recette

Faites cuire le freekeh selon les indications portées sur le paquet. Répartissez dans 4 assiettes de service. Garnissez avec les lentilles, les choux de Bruxelles, la sauce au curcuma, la noix de coco et la coriandre. Arrosez d'un filet d'huile d'olive. Salez et poivrez.

AMARANTE EXTRAVAGANTE

Préparation : 10 minutes
Cuisson : 30 minutes

pour 4 personnes

200 g de graines d'amarante crues (400 g cuites)
150 g de carottes rôties
1 petit chou-fleur (500 g), coupé en fleurettes et rôti
125 g de mélange d'olives, dénoyautées et hachées
50 g de confit de betterave (voir page 38)
1 pincée de feuilles d'amarante ou de cerfeuil
sel et poivre, huile d'olive

recette

Faites cuire l'amarante selon les indications portées sur le paquet. Répartissez dans 4 assiettes de service. Garnissez avec le chou-fleur, les olives, les carottes et le confit de betterave. Arrosez d'un filet d'huile d'olive. Salez et poivrez. Ajoutez les feuilles d'amarante ou de cerfeuil, si vous le souhaitez.

FREEKEH AUX FIGUES

Préparation : 10 minutes
Cuisson : 45 minutes

pour 4 personnes

200 g de freekeh cru (400 g cuit)
60 g d'épinards frais
250 g de topinambours coupés en morceaux et rôtis
200 g de figues fraîches coupées en quartiers
100 g de noisettes grillées et hachées
le jus et le zeste râpé de 1 orange
sel et poivre, huile d'olive

recette

Faites cuire le freekeh selon les indications portées sur le paquet. Répartissez dans 4 assiettes de service. Arrosez les épinards du jus et du zeste de l'orange. Ajoutez-les au freekeh, puis garnissez avec les topinambours, les noisettes et les figues. Arrosez d'un filet d'huile d'olive. Salez et poivrez.

QUINOA À LA CALIFORNIENNE

Préparation : 10 minutes
Cuisson :30 minutes

pour 4 personnes

200 g de quinoa noir cru (400 g cuit)
300 g de chou-rave finement émincé
2 avocats émincés
120 g de concombre coupé en julienne
100 g de graines de courge
8 g de graines de sésame
50 ml de vinaigrette au miso (voir page 34)
huile d'olive

recette

Faites cuire le quinoa selon les indications portées sur le paquet. Répartissez dans 4 assiettes de service. Garnissez avec les avocats, le concombre, le chou-rave, la vinagrette au miso, les graines de courge et les graines de sésame. Arrosez d'un filet d'huile d'olive.

MILLET, BUTTERNUT ET SAUCE AU CURCUMA

Préparation : 15 minutes
Cuisson : 45 minutes

pour 4 personnes

200 g de millet cru (400 g cuit)
½ courge butternut (400 g) pelée, épépinée et rôtie
150 g de haricots beurre blanchis et coupés en morceaux
8 tomates coupées en deux et rôties
60 ml de sauce au curcuma (voir page 36)
10 g de feuilles de basilic
sel et poivre

recette

Faites cuire le millet selon les indications portées sur le paquet. Répartissez dans 4 assiettes de service. Garnissez avec la courge, les tomates, les haricots beurre et la sauce au curcuma. Arrosez d'un filet d'huile d'olive. Salez et poivrez. Parsemez de feuilles de basilic.

ÉPEAUTRE À LA SICILIENNE

Préparation : 10 minutes
Cuisson : 45 minutes

pour 4 personnes

200 g d'épeautre cru (400 g cuit)
2 petits radicchios aux feuilles coupées en tronçons
45 g de raisins secs blonds ou bruns
100 g d'amandes salées
1 cuillerée à soupe de vinaigre balsamique
½ citron confit coupé en dés
2 cuillerées à soupe d'huile d'olive

recette

Faites cuire l'épeautre selon les indications portées sur le paquet. Dans une sauteuse, faites chauffer l'huile d'olive, ajoutez les radicchios et faites saisir jusqu'à ce que les feuilles soient tendres. Ajoutez les raisins et les amandes et laissez revenir 1 minute. Ajoutez le vinaigre balsamique et laissez frémir. Répartissez l'épeautre dans 4 assiettes de service. Garnissez avec les radicchios et le citron confit. Salez et poivrez.

BLÉ DES GUERRIERS

Préparation : 10 minutes
Cuisson : 45 minutes

pour 4 personnes

200 g de blé cru (400 g cuit)
300 g de rutabagas pelés, coupés en dés et rôtis
200 g de tofu, coupé en gros dés
120 g de confit de betterave (voir page 38)
100 g de salade amère sautée : roquette, chou mizuna ou moutarde
70 g de noix grillées
sel et poivre, huile d'olive

recette

Faites cuire le blé selon les indications portées sur le paquet. Répartissez dans 4 assiettes de service. Garnissez avec le rutabaga, le tofu, le confit de betterave, la salade et les noix. Arrosez d'un filet d'huile d'olive. Salez et poivrez avant de servir.

POLENTA PRINTANIÈRE

Préparation : 10 minutes
Cuisson : 15 minutes

pour 4 personnes

120 g de polenta
200 g de feuilles de pissenlit sautées
200 g de pois frais blanchis
60 ml de pesto aux herbes (voir page 18)
30 g de pignons grillés
½ citron confit finement émincé
sel et poivre

recette

Faites cuire la polenta selon les indications portées sur le paquet. Répartissez dans 4 assiettes de service. Garnissez avec les feuilles de pissenlit, les pois, le pesto, les pignons et le citron confit. Salez et poivrez.

MILLET ENSOLEILLÉ

Préparation : 10 minutes
Cuisson : 20 minutes

pour 4 personnes

200 g de millet cru (400 g cuit)
1 épi de maïs coupé en tronçons et grillé
180 g de tomates cerises
150 g de tofu coupé en dés
80 ml de chutney de coco (voir page 20)
80 g de graines de courge grillées
10 g de feuilles de basilic
sel et poivre, huile d'olive

recette

Faites cuire le millet selon les indications portées sur le paquet. Répartissez dans 4 assiettes de service. Garnissez avec le maïs, les tomates, le tofu, le chutney de coco, le basilic et les graines de courge. Arrosez d'un filet d'huile d'olive. Salez et poivrez.

MILLET AUX AGRUMES

Préparation : 10 minutes
Cuisson : 20 minutes

pour 4 personnes

200 g de millet cru (400 g cuit)
200 g de tempeh mariné (voir page 24)
2 petits pamplemousses pelés, épépinés et coupés en grosses rondelles
1 avocat émincé
50 g de pousses de radis
piment en poudre, selon votre goût
sel et poivre, huile d'olive

recette

Faites cuire le millet selon les indications portées sur le paquet. Répartissez dans 4 assiettes de service. Garnissez avec le tempeh mariné, les rondelles de pamplemousse, l'avocat et les pousses de radis. Saupoudrez de piment et arrosez d'un filet d'huile d'olive. Salez et poivrez.

BOULGHOUR À L'ORIENTALE

Préparation : 10 minutes
Cuisson 50 minutes

pour 4 personnes

200 g de boulghour cru (400 g cuit)
2 petites patates douces, rôtie jusqu'à être tendre
75 g de pois chiches rôtis
100 g de figues turques séchées (environ 8), coupées en deux
120 ml de yaourt à la noix de coco
10 g de persil ciselé
1 cuillerée à soupe de harissa
sel et poivre, huile d'olive

recette

Faites cuire le boulghour selon les indications portées sur le paquet. Répartissez dans 4 assiettes de service. Garnissez avec les figues, les patates douces, le yaourt, les pois chiches, le persil et la harissa. Arrosez d'un filet d'huile d'olive. Salez et poivrez.

ASSIETTE « BELLE COMME UN BIJOU »

Préparation : 10 minutes
Cuisson : 45 minutes

pour 4 personnes

200 g de kamut cru (400 g cuit)
300 g de fleurettes de brocoli blanchies
1 petit bulbe de fenouil finement émincé
les graines de 1 grenade (125 g)
120 ml de sauce au tahin (voir page 32)
60 g de chips de chou kale (voir page 15)
40 g de noix de coco en copeaux et grillée
sel et poivre, huile d'olive

recette

Faites cuire le kamut selon les indications portées sur le paquet.
Répartissez dans 4 assiettes de service. Garnissez avec le brocoli, le fenouil,
les graines de grenade, la sauce au tahin, les chips de chou kale et la noix de coco.
Arrosez d'un filet d'huile d'olive. Salez et poivrez.

ASSIETTE DE BLÉ JARDINIÈRE

Préparation : 15 minutes
Cuisson : 45 minutes

pour 4 personnes

200 g de blé cru (400 g cuit)
200 g de pommes de terre pelées, coupées en dés et bouillies
150 g de bettes arc-en-ciel émincées et sautées
150 g de poireaux émincés et sautés
20 g d'aneth
1 cuillérée à soupe d'huile de coco
sel et poivre

recette

Faites cuire le blé selon les indications portées sur le paquet. Dans une sauteuse, faites chauffer l'huile de coco. Ajoutez les pommes de terre et faites griller. Ajoutez l'aneth et poursuivez la cuisson 2 minutes. Répartissez le blé dans 4 assiettes de service. Garnissez avec les pommes de terre à l'aneth, les bettes et les poireaux. Salez et poivrez.

QUINOA DES PREMIÈRES GELÉES

Préparation : 10 minutes
Cuisson : 50 minutes

pour 4 personnes

200 g de quinoa rouge cru (400 g cuit)
2 patates douces (400 g), tranchées et rôties
250 g de choux de Bruxelles rôtis
180 g de champignons shiitakés sans pied, émincés et sautés
80 g de noix de cajou
120 ml de yaourt à la noix de coco
10 g de feuilles de persil
sel et poivre, huile d'olive

recette

Faites cuire le quinoa selon les indications portées sur le paquet. Répartissez dans 4 assiettes de service. Garnissez avec les patates douces, les choux de Bruxelles, le yaourt à la noix de coco, les shiitakés, les noix et le persil. Arrosez d'un filet d'huile d'olive. Salez et poivrez.

BOULGHOUR ET CHOU-FLEUR AU TOFU

Préparation : 15 minutes
Cuisson : 40 minutes

pour 4 personnes

200 g de boulghour cru (400 g cuit)
300 g de chou-fleur coupé en tranches épaisses et rôti
150 g de tofu coupé en dés
60 g de dattes Medjool, dénoyautées et coupées en morceaux
50 g de noix grillées
25 g de persil ciselé
25 g de harissa, ou selon votre goût
sel et poivre, huile d'olive

recette

Faites cuire le boulghour selon les indications portées sur le paquet. Répartissez dans 4 assiettes de service. Garnissez avec le chou-fleur, le tofu, les noix, le persil, les dattes et la harissa. Arrosez d'un filet d'huile d'olive. Salez et poivrez.

INDEX

REMERCIEMENTS

Merci à Catie Ziller pour m'avoir donné la possibilité d'écrire cet ouvrage et m'avoir patiemment aidé à le réaliser. J'ai adoré ce projet.

Kathy Steer, tu es un trésor ; bien que plusieurs fuseaux horaires nous séparent, je reçois toujours une réponse à mes mails en quelques secondes. Merci pour ton aide et tes conseils. Merci aux membres de l'équipe Marabout qui ont donné vie à ce projet.

Plus près de moi : merci à ma chère Beatriz da Costa pour tes photos superbes et ton café incroyable. Pia Moore, Claire Matern et Denise Ginley, merci pour votre énergie infatigable et votre humour. À ma famille irremplaçable : nous l'avons fait !

Ouvrage co-réalisé en Grande-Bretagne :

Coordination éditoriale : Catie Ziller

Auteur : Frances Boswell

Photographe : Beatriz da Costa

Styliste culinaire : Michelle Tilly

Éditeur : Kathy Steer

Pour l'adaptation française :

Traduction : Audrey Favre

Réalisation : Graph'M

PAPIER À BASE DE FIBRES CERTIFIÉES

MARABOUT s'engage pour l'environnement en réduisant l'empreinte carbone de ses livres. Celle de cet exemplaire est de : 1700 g éq. CO_2 Rendez-vous sur www.marabout-durable.fr

58, rue Jean Bleuzen

92178 Vanves Cedex

1616926 / 01

ISBN : 978-2-501-16858-8

Dépôt légal : décembre 2021

Achevé d´imprimer en Janvier 2022 sur les presses de l´imprimiere Grafo en Espagne